Vocabulary Notebook

This book belongs to :

....

....

A

No.	Word	Definition	Additional info/Comments
1			
2			
3			
4			
5			
6			
7			
8			
9			
10			
11			
12			
13			
14			
15			
16			

No.	Word	Definition	Additional info/Comments
17			
18			
19			
20			
21			
22			
23			
24			
25			
26			
27			
28			
29			
30			
31			
32			

No.	Word	Definition	Additional info/Comments
33			
34			
35			
36			
37			
38			
39			
40			
41			
42			
43			
44			
45			
46			
47			
48			

No.	Word	Definition	Additional info/Comments
49			
50			
51			
52			
53			
54			
55			
56			
57			
58			
59			
60			
61			
62			
63			
64			

No.	Word	Definition	Additional info/Comments
1		------------------------------	------------------------------------
2		------------------------------	------------------------------------
3		------------------------------	------------------------------------
4		------------------------------	------------------------------------
5		------------------------------	------------------------------------
6		------------------------------	------------------------------------
7		------------------------------	------------------------------------
8		------------------------------	------------------------------------
9		------------------------------	------------------------------------
10		------------------------------	------------------------------------
11		------------------------------	------------------------------------
12		------------------------------	------------------------------------
13		------------------------------	------------------------------------
14		------------------------------	------------------------------------
15		------------------------------	------------------------------------
16		------------------------------	------------------------------------

B

No.	Word	Definition	Additional info/Comments
17			
18			
19			
20			
21			
22			
23			
24			
25			
26			
27			
28			
29			
30			
31			
32			

No.	Word	Definition	Additional info/Comments
33		----------	------------------------
34		----------	------------------------
35		----------	------------------------
36		----------	------------------------
37		----------	------------------------
38		----------	------------------------
39		----------	------------------------
40		----------	------------------------
41		----------	------------------------
42		----------	------------------------
43		----------	------------------------
44		----------	------------------------
45		----------	------------------------
46		----------	------------------------
47		----------	------------------------
48		----------	------------------------

B

No.	Word	Definition	Additional info/Comments
49			
50			
51			
52			
53			
54			
55			
56			
57			
58			
59			
60			
61			
62			
63			
64			

No.	Word	Definition	Additional info/Comments
1			
2			
3			
4			
5			
6			
7			
8			
9			
10			
11			
12			
13			
14			
15			
16			

C

No.	Word	Definition	Additional info/Comments
17		---------------------	----------------------------
18		---------------------	----------------------------
19		---------------------	----------------------------
20		---------------------	----------------------------
21		---------------------	----------------------------
22		---------------------	----------------------------
23		---------------------	----------------------------
24		---------------------	----------------------------
25		---------------------	----------------------------
26		---------------------	----------------------------
27		---------------------	----------------------------
28		---------------------	----------------------------
29		---------------------	----------------------------
30		---------------------	----------------------------
31		---------------------	----------------------------
32		---------------------	----------------------------

c

No.	Word	Definition	Additional info/Comments
33		----------------------------------	----------------------------------
34		----------------------------------	----------------------------------
35		----------------------------------	----------------------------------
36		----------------------------------	----------------------------------
37		----------------------------------	----------------------------------
38		----------------------------------	----------------------------------
39		----------------------------------	----------------------------------
40		----------------------------------	----------------------------------
41		----------------------------------	----------------------------------
42		----------------------------------	----------------------------------
43		----------------------------------	----------------------------------
44		----------------------------------	----------------------------------
45		----------------------------------	----------------------------------
46		----------------------------------	----------------------------------
47		----------------------------------	----------------------------------
48		----------------------------------	----------------------------------

C

No.	Word	Definition	Additional info/Comments
49			
50			
51			
52			
53			
54			
55			
56			
57			
58			
59			
60			
61			
62			
63			
64			

C

D

No.	Word	Definition	Additional info/Comments
1		----------------------------------	----------------------------------
2		----------------------------------	----------------------------------
3		----------------------------------	----------------------------------
4		----------------------------------	----------------------------------
5		----------------------------------	----------------------------------
6		----------------------------------	----------------------------------
7		----------------------------------	----------------------------------
8		----------------------------------	----------------------------------
9		----------------------------------	----------------------------------
10		----------------------------------	----------------------------------
11		----------------------------------	----------------------------------
12		----------------------------------	----------------------------------
13		----------------------------------	----------------------------------
14		----------------------------------	----------------------------------
15		----------------------------------	----------------------------------
16		----------------------------------	----------------------------------
No.	Word	Definition	Additional info/Comments

No.	Word	Definition	Additional info/Comments
17			
18			
19			
20			
21			
22			
23			
24			
25			
26			
27			
28			
29			
30			
31			
32			

D

D

No.	Word	Definition	Additional info/Comments
33			
34			
35			
36			
37			
38			
39			
40			
41			
42			
43			
44			
45			
46			
47			
48			

No.	Word	Definition	Additional info/Comments
49		----------------------------------	--
50		----------------------------------	--
51		----------------------------------	--
52		----------------------------------	--
53		----------------------------------	--
54		----------------------------------	--
55		----------------------------------	--
56		----------------------------------	--
57		----------------------------------	--
58		----------------------------------	--
59		----------------------------------	--
60		----------------------------------	--
61		----------------------------------	--
62		----------------------------------	--
63		----------------------------------	--
64		----------------------------------	--

E

No.	Word	Definition	Additional info/Comments
1			
2			
3			
4			
5			
6			
7			
8			
9			
10			
11			
12			
13			
14			
15			
16			

No.	Word	Definition	Additional info/Comments
17			
18			
19			
20			
21			
22			
23			
24			
25			
26			
27			
28			
29			
30			
31			
32			

E

No.	Word	Definition	Additional info/Comments
33		----------	----------
34		----------	----------
35		----------	----------
36		----------	----------
37		----------	----------
38		----------	----------
39		----------	----------
40		----------	----------
41		----------	----------
42		----------	----------
43		----------	----------
44		----------	----------
45		----------	----------
46		----------	----------
47		----------	----------
48		----------	----------

E

E

No.	Word	Definition	Additional info/Comments
49			
50			
51			
52			
53			
54			
55			
56			
57			
58			
59			
60			
61			
62			
63			
64			
No.	Word	Definition	Additional info/Comments

f

No.	Word	Definition	Additional info/Comments
1		--------------------------------	--------------------------------------
2		--------------------------------	--------------------------------------
3		--------------------------------	--------------------------------------
4		--------------------------------	--------------------------------------
5		--------------------------------	--------------------------------------
6		--------------------------------	--------------------------------------
7		--------------------------------	--------------------------------------
8		--------------------------------	--------------------------------------
9		--------------------------------	--------------------------------------
10		--------------------------------	--------------------------------------
11		--------------------------------	--------------------------------------
12		--------------------------------	--------------------------------------
13		--------------------------------	--------------------------------------
14		--------------------------------	--------------------------------------
15		--------------------------------	--------------------------------------
16		--------------------------------	--------------------------------------

No.	Word	Definition	Additional info/Comments
17		-------------------------------	-------------------------------
18		-------------------------------	-------------------------------
19		-------------------------------	-------------------------------
20		-------------------------------	-------------------------------
21		-------------------------------	-------------------------------
22		-------------------------------	-------------------------------
23		-------------------------------	-------------------------------
24		-------------------------------	-------------------------------
25		-------------------------------	-------------------------------
26		-------------------------------	-------------------------------
27		-------------------------------	-------------------------------
28		-------------------------------	-------------------------------
29		-------------------------------	-------------------------------
30		-------------------------------	-------------------------------
31		-------------------------------	-------------------------------
32		-------------------------------	-------------------------------

f

No.	Word	Definition	Additional info/Comments
33		-------------------------------	-------------------------------------
34		-------------------------------	-------------------------------------
35		-------------------------------	-------------------------------------
36		-------------------------------	-------------------------------------
37		-------------------------------	-------------------------------------
38		-------------------------------	-------------------------------------
39		-------------------------------	-------------------------------------
40		-------------------------------	-------------------------------------
41		-------------------------------	-------------------------------------
42		-------------------------------	-------------------------------------
43		-------------------------------	-------------------------------------
44		-------------------------------	-------------------------------------
45		-------------------------------	-------------------------------------
46		-------------------------------	-------------------------------------
47		-------------------------------	-------------------------------------
48		-------------------------------	-------------------------------------

No.	Word	Definition	Additional info/Comments
49			
50			
51			
52			
53			
54			
55			
56			
57			
58			
59			
60			
61			
62			
63			
64			

G

No.	Word	Definition	Additional info/Comments
1			
2			
3			
4			
5			
6			
7			
8			
9			
10			
11			
12			
13			
14			
15			
16			

G

No.	Word	Definition	Additional info/Comments
17			
18			
19			
20			
21			
22			
23			
24			
25			
26			
27			
28			
29			
30			
31			
32			

No.	Word	Definition	Additional info/Comments
33			
34			
35			
36			
37			
38			
39			
40			
41			
42			
43			
44			
45			
46			
47			
48			

G

No.	Word	Definition	Additional info/Comments
49			
50			
51			
52			
53			
54			
55			
56			
57			
58			
59			
60			
61			
62			
63			
64			

G

H

No.	Word	Definition	Additional info/Comments
1		----------	------------------------
2		----------	------------------------
3		----------	------------------------
4		----------	------------------------
5		----------	------------------------
6		----------	------------------------
7		----------	------------------------
8		----------	------------------------
9		----------	------------------------
10		----------	------------------------
11		----------	------------------------
12		----------	------------------------
13		----------	------------------------
14		----------	------------------------
15		----------	------------------------
16		----------	------------------------

No.	Word	Definition	Additional info/Comments
17			
18			
19			
20			
21			
22			
23			
24			
25			
26			
27			
28			
29			
30			
31			
32			

No.	Word	Definition	Additional info/Comments
33		-----------------------------	-----------------------------
34		-----------------------------	-----------------------------
35		-----------------------------	-----------------------------
36		-----------------------------	-----------------------------
37		-----------------------------	-----------------------------
38		-----------------------------	-----------------------------
39		-----------------------------	-----------------------------
40		-----------------------------	-----------------------------
41		-----------------------------	-----------------------------
42		-----------------------------	-----------------------------
43		-----------------------------	-----------------------------
44		-----------------------------	-----------------------------
45		-----------------------------	-----------------------------
46		-----------------------------	-----------------------------
47		-----------------------------	-----------------------------
48		-----------------------------	-----------------------------

H

No.	Word	Definition	Additional info/Comments
49			
50			
51			
52			
53			
54			
55			
56			
57			
58			
59			
60			
61			
62			
63			
64			

No.	Word	Definition	Additional info/Comments
1		-----------------------------	-----------------------------------
2		-----------------------------	-----------------------------------
3		-----------------------------	-----------------------------------
4		-----------------------------	-----------------------------------
5		-----------------------------	-----------------------------------
6		-----------------------------	-----------------------------------
7		-----------------------------	-----------------------------------
8		-----------------------------	-----------------------------------
9		-----------------------------	-----------------------------------
10		-----------------------------	-----------------------------------
11		-----------------------------	-----------------------------------
12		-----------------------------	-----------------------------------
13		-----------------------------	-----------------------------------
14		-----------------------------	-----------------------------------
15		-----------------------------	-----------------------------------
16		-----------------------------	-----------------------------------

1

No.	Word	Definition	Additional info/Comments
17			
18			
19			
20			
21			
22			
23			
24			
25			
26			
27			
28			
29			
30			
31			
32			

No.	Word	Definition	Additional info/Comments
33		-------------------------------	-------------------------------------
34		-------------------------------	-------------------------------------
35		-------------------------------	-------------------------------------
36		-------------------------------	-------------------------------------
37		-------------------------------	-------------------------------------
38		-------------------------------	-------------------------------------
39		-------------------------------	-------------------------------------
40		-------------------------------	-------------------------------------
41		-------------------------------	-------------------------------------
42		-------------------------------	-------------------------------------
43		-------------------------------	-------------------------------------
44		-------------------------------	-------------------------------------
45		-------------------------------	-------------------------------------
46		-------------------------------	-------------------------------------
47		-------------------------------	-------------------------------------
48		-------------------------------	-------------------------------------

1

No.	Word	Definition	Additional info/Comments
49			
50			
51			
52			
53			
54			
55			
56			
57			
58			
59			
60			
61			
62			
63			
64			

No.	Word	Definition	Additional info/Comments
1		-----------------	-----------------
2		-----------------	-----------------
3		-----------------	-----------------
4		-----------------	-----------------
5		-----------------	-----------------
6		-----------------	-----------------
7		-----------------	-----------------
8		-----------------	-----------------
9		-----------------	-----------------
10		-----------------	-----------------
11		-----------------	-----------------
12		-----------------	-----------------
13		-----------------	-----------------
14		-----------------	-----------------
15		-----------------	-----------------
16		-----------------	-----------------

J

No.	Word	Definition	Additional info/Comments
17		------------------------------	------------------------------------
18		------------------------------	------------------------------------
19		------------------------------	------------------------------------
20		------------------------------	------------------------------------
21		------------------------------	------------------------------------
22		------------------------------	------------------------------------
23		------------------------------	------------------------------------
24		------------------------------	------------------------------------
25		------------------------------	------------------------------------
26		------------------------------	------------------------------------
27		------------------------------	------------------------------------
28		------------------------------	------------------------------------
29		------------------------------	------------------------------------
30		------------------------------	------------------------------------
31		------------------------------	------------------------------------
32		------------------------------	------------------------------------

J

No.	Word	Definition	Additional info/Comments
33			
34			
35			
36			
37			
38			
39			
40			
41			
42			
43			
44			
45			
46			
47			
48			

J

No.	Word	Definition	Additional info/Comments
49			
50			
51			
52			
53			
54			
55			
56			
57			
58			
59			
60			
61			
62			
63			
64			

J

K

No.	Word	Definition	Additional info/Comments
1			
2			
3			
4			
5			
6			
7			
8			
9			
10			
11			
12			
13			
14			
15			
16			

No.	Word	Definition	Additional info/Comments
17			
18			
19			
20			
21			
22			
23			
24			
25			
26			
27			
28			
29			
30			
31			
32			

K

No.	Word	Definition	Additional info/Comments
33			
34			
35			
36			
37			
38			
39			
40			
41			
42			
43			
44			
45			
46			
47			
48			

K

No.	Word	Definition	Additional info/Comments
49			
50			
51			
52			
53			
54			
55			
56			
57			
58			
59			
60			
61			
62			
63			
64			

K

L

No.	Word	Definition	Additional info/Comments
1			
2			
3			
4			
5			
6			
7			
8			
9			
10			
11			
12			
13			
14			
15			
16			

L

No.	Word	Definition	Additional info/Comments
17		-----------------------------	-----------------------------------
18		-----------------------------	-----------------------------------
19		-----------------------------	-----------------------------------
20		-----------------------------	-----------------------------------
21		-----------------------------	-----------------------------------
22		-----------------------------	-----------------------------------
23		-----------------------------	-----------------------------------
24		-----------------------------	-----------------------------------
25		-----------------------------	-----------------------------------
26		-----------------------------	-----------------------------------
27		-----------------------------	-----------------------------------
28		-----------------------------	-----------------------------------
29		-----------------------------	-----------------------------------
30		-----------------------------	-----------------------------------
31		-----------------------------	-----------------------------------
32		-----------------------------	-----------------------------------
No.	Word	Definition	Additional info/Comments

No.	Word	Definition	Additional info/Comments
33		----------------------------------	----------------------------------
34		----------------------------------	----------------------------------
35		----------------------------------	----------------------------------
36		----------------------------------	----------------------------------
37		----------------------------------	----------------------------------
38		----------------------------------	----------------------------------
39		----------------------------------	----------------------------------
40		----------------------------------	----------------------------------
41		----------------------------------	----------------------------------
42		----------------------------------	----------------------------------
43		----------------------------------	----------------------------------
44		----------------------------------	----------------------------------
45		----------------------------------	----------------------------------
46		----------------------------------	----------------------------------
47		----------------------------------	----------------------------------
48		----------------------------------	----------------------------------

L

No.	Word	Definition	Additional info/Comments
49			
50			
51			
52			
53			
54			
55			
56			
57			
58			
59			
60			
61			
62			
63			
64			

L

No.	Word	Definition	Additional info/Comments
1			
2			
3			
4			
5			
6			
7			
8			
9			
10			
11			
12			
13			
14			
15			
16			

No.	Word	Definition	Additional info/Comments
17			
18			
19			
20			
21			
22			
23			
24			
25			
26			
27			
28			
29			
30			
31			
32			

No.	Word	Definition	Additional info/Comments
33		----------	----------
34		----------	----------
35		----------	----------
36		----------	----------
37		----------	----------
38		----------	----------
39		----------	----------
40		----------	----------
41		----------	----------
42		----------	----------
43		----------	----------
44		----------	----------
45		----------	----------
46		----------	----------
47		----------	----------
48		----------	----------
No.	Word	Definition	Additional info/Comments

No.	Word	Definition	Additional info/Comments
49			
50			
51			
52			
53			
54			
55			
56			
57			
58			
59			
60			
61			
62			
63			
64			

No.	Word	Definition	Additional info/Comments
1		----------------------------------	----------------------------------
2		----------------------------------	----------------------------------
3		----------------------------------	----------------------------------
4		----------------------------------	----------------------------------
5		----------------------------------	----------------------------------
6		----------------------------------	----------------------------------
7		----------------------------------	----------------------------------
8		----------------------------------	----------------------------------
9		----------------------------------	----------------------------------
10		----------------------------------	----------------------------------
11		----------------------------------	----------------------------------
12		----------------------------------	----------------------------------
13		----------------------------------	----------------------------------
14		----------------------------------	----------------------------------
15		----------------------------------	----------------------------------
16		----------------------------------	----------------------------------

No.	Word	Definition	Additional info/Comments
17		-----------------	-----------------
18		-----------------	-----------------
19		-----------------	-----------------
20		-----------------	-----------------
21		-----------------	-----------------
22		-----------------	-----------------
23		-----------------	-----------------
24		-----------------	-----------------
25		-----------------	-----------------
26		-----------------	-----------------
27		-----------------	-----------------
28		-----------------	-----------------
29		-----------------	-----------------
30		-----------------	-----------------
31		-----------------	-----------------
32		-----------------	-----------------
No.	Word	Definition	Additional info/Comments

No.	Word	Definition	Additional info/Comments
33		-----------------------------	-----------------------------
34		-----------------------------	-----------------------------
35		-----------------------------	-----------------------------
36		-----------------------------	-----------------------------
37		-----------------------------	-----------------------------
38		-----------------------------	-----------------------------
39		-----------------------------	-----------------------------
40		-----------------------------	-----------------------------
41		-----------------------------	-----------------------------
42		-----------------------------	-----------------------------
43		-----------------------------	-----------------------------
44		-----------------------------	-----------------------------
45		-----------------------------	-----------------------------
46		-----------------------------	-----------------------------
47		-----------------------------	-----------------------------
48		-----------------------------	-----------------------------

No.	Word	Definition	Additional info/Comments
49		------------------------------	------------------------------
50		------------------------------	------------------------------
51		------------------------------	------------------------------
52		------------------------------	------------------------------
53		------------------------------	------------------------------
54		------------------------------	------------------------------
55		------------------------------	------------------------------
56		------------------------------	------------------------------
57		------------------------------	------------------------------
58		------------------------------	------------------------------
59		------------------------------	------------------------------
60		------------------------------	------------------------------
61		------------------------------	------------------------------
62		------------------------------	------------------------------
63		------------------------------	------------------------------
64		------------------------------	------------------------------
No.	Word	Definition	Additional info/Comments

No.	Word	Definition	Additional info/Comments
1			
2			
3			
4			
5			
6			
7			
8			
9			
10			
11			
12			
13			
14			
15			
16			

O

O

No.	Word	Definition	Additional info/Comments
17		-------------------------	-------------------------
18		-------------------------	-------------------------
19		-------------------------	-------------------------
20		-------------------------	-------------------------
21		-------------------------	-------------------------
22		-------------------------	-------------------------
23		-------------------------	-------------------------
24		-------------------------	-------------------------
25		-------------------------	-------------------------
26		-------------------------	-------------------------
27		-------------------------	-------------------------
28		-------------------------	-------------------------
29		-------------------------	-------------------------
30		-------------------------	-------------------------
31		-------------------------	-------------------------
32		-------------------------	-------------------------

No.	Word	Definition	Additional info/Comments
33			
34			
35			
36			
37			
38			
39			
40			
41			
42			
43			
44			
45			
46			
47			
48			

O

No.	Word	Definition	Additional info/Comments
49		----------------------------------	----------------------------------
50		----------------------------------	----------------------------------
51		----------------------------------	----------------------------------
52		----------------------------------	----------------------------------
53		----------------------------------	----------------------------------
54		----------------------------------	----------------------------------
55		----------------------------------	----------------------------------
56		----------------------------------	----------------------------------
57		----------------------------------	----------------------------------
58		----------------------------------	----------------------------------
59		----------------------------------	----------------------------------
60		----------------------------------	----------------------------------
61		----------------------------------	----------------------------------
62		----------------------------------	----------------------------------
63		----------------------------------	----------------------------------
64		----------------------------------	----------------------------------

O

P

No.	Word	Definition	Additional info/Comments
1		----------------------------------	----------------------------------
2		----------------------------------	----------------------------------
3		----------------------------------	----------------------------------
4		----------------------------------	----------------------------------
5		----------------------------------	----------------------------------
6		----------------------------------	----------------------------------
7		----------------------------------	----------------------------------
8		----------------------------------	----------------------------------
9		----------------------------------	----------------------------------
10		----------------------------------	----------------------------------
11		----------------------------------	----------------------------------
12		----------------------------------	----------------------------------
13		----------------------------------	----------------------------------
14		----------------------------------	----------------------------------
15		----------------------------------	----------------------------------
16		----------------------------------	----------------------------------

No.	Word	Definition	Additional info/Comments
17		----------	------------------------
18		----------	------------------------
19		----------	------------------------
20		----------	------------------------
21		----------	------------------------
22		----------	------------------------
23		----------	------------------------
24		----------	------------------------
25		----------	------------------------
26		----------	------------------------
27		----------	------------------------
28		----------	------------------------
29		----------	------------------------
30		----------	------------------------
31		----------	------------------------
32		----------	------------------------

P

P

No.	Word	Definition	Additional info/Comments
33			
34			
35			
36			
37			
38			
39			
40			
41			
42			
43			
44			
45			
46			
47			
48			

P

No.	Word	Definition	Additional info/Comments
49		----------	------------------------
50		----------	------------------------
51		----------	------------------------
52		----------	------------------------
53		----------	------------------------
54		----------	------------------------
55		----------	------------------------
56		----------	------------------------
57		----------	------------------------
58		----------	------------------------
59		----------	------------------------
60		----------	------------------------
61		----------	------------------------
62		----------	------------------------
63		----------	------------------------
64		----------	------------------------

No.	Word	Definition	Additional info/Comments
1			
2			
3			
4			
5			
6			
7			
8			
9			
10			
11			
12			
13			
14			
15			
16			

Q

No.	Word	Definition	Additional info/Comments
17			
18			
19			
20			
21			
22			
23			
24			
25			
26			
27			
28			
29			
30			
31			
32			

Q

Q

No.	Word	Definition	Additional info/Comments
33		----------	----------
34		----------	----------
35		----------	----------
36		----------	----------
37		----------	----------
38		----------	----------
39		----------	----------
40		----------	----------
41		----------	----------
42		----------	----------
43		----------	----------
44		----------	----------
45		----------	----------
46		----------	----------
47		----------	----------
48		----------	----------

No.	Word	Definition	Additional info/Comments
49			
50			
51			
52			
53			
54			
55			
56			
57			
58			
59			
60			
61			
62			
63			
64			

Q

No.	Word	Definition	Additional info/Comments
1		----------	----------
2		----------	----------
3		----------	----------
4		----------	----------
5		----------	----------
6		----------	----------
7		----------	----------
8		----------	----------
9		----------	----------
10		----------	----------
11		----------	----------
12		----------	----------
13		----------	----------
14		----------	----------
15		----------	----------
16		----------	----------

No.	Word	Definition	Additional info/Comments
17			
18			
19			
20			
21			
22			
23			
24			
25			
26			
27			
28			
29			
30			
31			
32			

No.	Word	Definition	Additional info/Comments
33			
34			
35			
36			
37			
38			
39			
40			
41			
42			
43			
44			
45			
46			
47			
48			

No.	Word	Definition	Additional info/Comments
49			
50			
51			
52			
53			
54			
55			
56			
57			
58			
59			
60			
61			
62			
63			
64			

No.	Word	Definition	Additional info/Comments
1		------------------------------	------------------------------
2		------------------------------	------------------------------
3		------------------------------	------------------------------
4		------------------------------	------------------------------
5		------------------------------	------------------------------
6		------------------------------	------------------------------
7		------------------------------	------------------------------
8		------------------------------	------------------------------
9		------------------------------	------------------------------
10		------------------------------	------------------------------
11		------------------------------	------------------------------
12		------------------------------	------------------------------
13		------------------------------	------------------------------
14		------------------------------	------------------------------
15		------------------------------	------------------------------
16		------------------------------	------------------------------

S

No.	Word	Definition	Additional info/Comments
17		----------------------------------	----------------------------------
18		----------------------------------	----------------------------------
19		----------------------------------	----------------------------------
20		----------------------------------	----------------------------------
21		----------------------------------	----------------------------------
22		----------------------------------	----------------------------------
23		----------------------------------	----------------------------------
24		----------------------------------	----------------------------------
25		----------------------------------	----------------------------------
26		----------------------------------	----------------------------------
27		----------------------------------	----------------------------------
28		----------------------------------	----------------------------------
29		----------------------------------	----------------------------------
30		----------------------------------	----------------------------------
31		----------------------------------	----------------------------------
32		----------------------------------	----------------------------------

S

No.	Word	Definition	Additional info/Comments
33		------------------	------------------
34		------------------	------------------
35		------------------	------------------
36		------------------	------------------
37		------------------	------------------
38		------------------	------------------
39		------------------	------------------
40		------------------	------------------
41		------------------	------------------
42		------------------	------------------
43		------------------	------------------
44		------------------	------------------
45		------------------	------------------
46		------------------	------------------
47		------------------	------------------
48		------------------	------------------

S

S

No.	Word	Definition	Additional info/Comments
49			
50			
51			
52			
53			
54			
55			
56			
57			
58			
59			
60			
61			
62			
63			
64			

No.	Word	Definition	Additional info/Comments
1		------------------------------	------------------------------
2		------------------------------	------------------------------
3		------------------------------	------------------------------
4		------------------------------	------------------------------
5		------------------------------	------------------------------
6		------------------------------	------------------------------
7		------------------------------	------------------------------
8		------------------------------	------------------------------
9		------------------------------	------------------------------
10		------------------------------	------------------------------
11		------------------------------	------------------------------
12		------------------------------	------------------------------
13		------------------------------	------------------------------
14		------------------------------	------------------------------
15		------------------------------	------------------------------
16		------------------------------	------------------------------

T

No.	Word	Definition	Additional info/Comments
17			
18			
19			
20			
21			
22			
23			
24			
25			
26			
27			
28			
29			
30			
31			
32			

T

No.	Word	Definition	Additional info/Comments
33			
34			
35			
36			
37			
38			
39			
40			
41			
42			
43			
44			
45			
46			
47			
48			

T

No.	Word	Definition	Additional info/Comments
49		----------------	----------------
50		----------------	----------------
51		----------------	----------------
52		----------------	----------------
53		----------------	----------------
54		----------------	----------------
55		----------------	----------------
56		----------------	----------------
57		----------------	----------------
58		----------------	----------------
59		----------------	----------------
60		----------------	----------------
61		----------------	----------------
62		----------------	----------------
63		----------------	----------------
64		----------------	----------------

T

U

No.	Word	Definition	Additional info/Comments
1		----------	----------
2		----------	----------
3		----------	----------
4		----------	----------
5		----------	----------
6		----------	----------
7		----------	----------
8		----------	----------
9		----------	----------
10		----------	----------
11		----------	----------
12		----------	----------
13		----------	----------
14		----------	----------
15		----------	----------
16		----------	----------

No.	Word	Definition	Additional info/Comments
17		-----------	-----------
18		-----------	-----------
19		-----------	-----------
20		-----------	-----------
21		-----------	-----------
22		-----------	-----------
23		-----------	-----------
24		-----------	-----------
25		-----------	-----------
26		-----------	-----------
27		-----------	-----------
28		-----------	-----------
29		-----------	-----------
30		-----------	-----------
31		-----------	-----------
32		-----------	-----------

U

No.	Word	Definition	Additional info/Comments
33			
34			
35			
36			
37			
38			
39			
40			
41			
42			
43			
44			
45			
46			
47			
48			

U

No.	Word	Definition	Additional info/Comments
49		----------	----------
50		----------	----------
51		----------	----------
52		----------	----------
53		----------	----------
54		----------	----------
55		----------	----------
56		----------	----------
57		----------	----------
58		----------	----------
59		----------	----------
60		----------	----------
61		----------	----------
62		----------	----------
63		----------	----------
64		----------	----------

U

No.	Word	Definition	Additional info/Comments
1			
2			
3			
4			
5			
6			
7			
8			
9			
10			
11			
12			
13			
14			
15			
16			

No.	Word	Definition	Additional info/Comments
17		-----------------	-----------------
18		-----------------	-----------------
19		-----------------	-----------------
20		-----------------	-----------------
21		-----------------	-----------------
22		-----------------	-----------------
23		-----------------	-----------------
24		-----------------	-----------------
25		-----------------	-----------------
26		-----------------	-----------------
27		-----------------	-----------------
28		-----------------	-----------------
29		-----------------	-----------------
30		-----------------	-----------------
31		-----------------	-----------------
32		-----------------	-----------------

No.	Word	Definition	Additional info/Comments
33		-------------------------------	-------------------------------
34		-------------------------------	-------------------------------
35		-------------------------------	-------------------------------
36		-------------------------------	-------------------------------
37		-------------------------------	-------------------------------
38		-------------------------------	-------------------------------
39		-------------------------------	-------------------------------
40		-------------------------------	-------------------------------
41		-------------------------------	-------------------------------
42		-------------------------------	-------------------------------
43		-------------------------------	-------------------------------
44		-------------------------------	-------------------------------
45		-------------------------------	-------------------------------
46		-------------------------------	-------------------------------
47		-------------------------------	-------------------------------
48		-------------------------------	-------------------------------

No.	Word	Definition	Additional info/Comments
49		-----------	-----------
50		-----------	-----------
51		-----------	-----------
52		-----------	-----------
53		-----------	-----------
54		-----------	-----------
55		-----------	-----------
56		-----------	-----------
57		-----------	-----------
58		-----------	-----------
59		-----------	-----------
60		-----------	-----------
61		-----------	-----------
62		-----------	-----------
63		-----------	-----------
64		-----------	-----------

No.	Word	Definition	Additional info/Comments
1			
2			
3			
4			
5			
6			
7			
8			
9			
10			
11			
12			
13			
14			
15			
16			

No.	Word	Definition	Additional info/Comments
17		------------------------------	-------------------------------------
18		------------------------------	-------------------------------------
19		------------------------------	-------------------------------------
20		------------------------------	-------------------------------------
21		------------------------------	-------------------------------------
22		------------------------------	-------------------------------------
23		------------------------------	-------------------------------------
24		------------------------------	-------------------------------------
25		------------------------------	-------------------------------------
26		------------------------------	-------------------------------------
27		------------------------------	-------------------------------------
28		------------------------------	-------------------------------------
29		------------------------------	-------------------------------------
30		------------------------------	-------------------------------------
31		------------------------------	-------------------------------------
32		------------------------------	-------------------------------------

No.	Word	Definition	Additional info/Comments
33			
34			
35			
36			
37			
38			
39			
40			
41			
42			
43			
44			
45			
46			
47			
48			

No.	Word	Definition	Additional info/Comments
49		----------------------------------	--
50		----------------------------------	--
51		----------------------------------	--
52		----------------------------------	--
53		----------------------------------	--
54		----------------------------------	--
55		----------------------------------	--
56		----------------------------------	--
57		----------------------------------	--
58		----------------------------------	--
59		----------------------------------	--
60		----------------------------------	--
61		----------------------------------	--
62		----------------------------------	--
63		----------------------------------	--
64		----------------------------------	--
No.	Word	Definition	Additional info/Comments

No.	Word	Definition	Additional info/Comments
1		----------------------------------	----------------------------------
2		----------------------------------	----------------------------------
3		----------------------------------	----------------------------------
4		----------------------------------	----------------------------------
5		----------------------------------	----------------------------------
6		----------------------------------	----------------------------------
7		----------------------------------	----------------------------------
8		----------------------------------	----------------------------------
9		----------------------------------	----------------------------------
10		----------------------------------	----------------------------------
11		----------------------------------	----------------------------------
12		----------------------------------	----------------------------------
13		----------------------------------	----------------------------------
14		----------------------------------	----------------------------------
15		----------------------------------	----------------------------------
16		----------------------------------	----------------------------------

No.	Word	Definition	Additional info/Comments
17		----------------------------	----------------------------------
18		----------------------------	----------------------------------
19		----------------------------	----------------------------------
20		----------------------------	----------------------------------
21		----------------------------	----------------------------------
22		----------------------------	----------------------------------
23		----------------------------	----------------------------------
24		----------------------------	----------------------------------
25		----------------------------	----------------------------------
26		----------------------------	----------------------------------
27		----------------------------	----------------------------------
28		----------------------------	----------------------------------
29		----------------------------	----------------------------------
30		----------------------------	----------------------------------
31		----------------------------	----------------------------------
32		----------------------------	----------------------------------

No.	Word	Definition	Additional info/Comments
33		-----------------------------	-----------------------------
34		-----------------------------	-----------------------------
35		-----------------------------	-----------------------------
36		-----------------------------	-----------------------------
37		-----------------------------	-----------------------------
38		-----------------------------	-----------------------------
39		-----------------------------	-----------------------------
40		-----------------------------	-----------------------------
41		-----------------------------	-----------------------------
42		-----------------------------	-----------------------------
43		-----------------------------	-----------------------------
44		-----------------------------	-----------------------------
45		-----------------------------	-----------------------------
46		-----------------------------	-----------------------------
47		-----------------------------	-----------------------------
48		-----------------------------	-----------------------------

No.	Word	Definition	Additional info/Comments
49		----------	------------------------
50		----------	------------------------
51		----------	------------------------
52		----------	------------------------
53		----------	------------------------
54		----------	------------------------
55		----------	------------------------
56		----------	------------------------
57		----------	------------------------
58		----------	------------------------
59		----------	------------------------
60		----------	------------------------
61		----------	------------------------
62		----------	------------------------
63		----------	------------------------
64		----------	------------------------

No.	Word	Definition	Additional info/Comments
1		-------------------------------	-------------------------------
2		-------------------------------	-------------------------------
3		-------------------------------	-------------------------------
4		-------------------------------	-------------------------------
5		-------------------------------	-------------------------------
6		-------------------------------	-------------------------------
7		-------------------------------	-------------------------------
8		-------------------------------	-------------------------------
9		-------------------------------	-------------------------------
10		-------------------------------	-------------------------------
11		-------------------------------	-------------------------------
12		-------------------------------	-------------------------------
13		-------------------------------	-------------------------------
14		-------------------------------	-------------------------------
15		-------------------------------	-------------------------------
16		-------------------------------	-------------------------------

Y

No.	Word	Definition	Additional info/Comments
17		------------------------------	------------------------------
18		------------------------------	------------------------------
19		------------------------------	------------------------------
20		------------------------------	------------------------------
21		------------------------------	------------------------------
22		------------------------------	------------------------------
23		------------------------------	------------------------------
24		------------------------------	------------------------------
25		------------------------------	------------------------------
26		------------------------------	------------------------------
27		------------------------------	------------------------------
28		------------------------------	------------------------------
29		------------------------------	------------------------------
30		------------------------------	------------------------------
31		------------------------------	------------------------------
32		------------------------------	------------------------------

٢

No.	Word	Definition	Additional info/Comments
33		----------------------------------	----------------------------------
34		----------------------------------	----------------------------------
35		----------------------------------	----------------------------------
36		----------------------------------	----------------------------------
37		----------------------------------	----------------------------------
38		----------------------------------	----------------------------------
39		----------------------------------	----------------------------------
40		----------------------------------	----------------------------------
41		----------------------------------	----------------------------------
42		----------------------------------	----------------------------------
43		----------------------------------	----------------------------------
44		----------------------------------	----------------------------------
45		----------------------------------	----------------------------------
46		----------------------------------	----------------------------------
47		----------------------------------	----------------------------------
48		----------------------------------	----------------------------------

٢

No.	Word	Definition	Additional info/Comments
49		-----------------	-----------------
50		-----------------	-----------------
51		-----------------	-----------------
52		-----------------	-----------------
53		-----------------	-----------------
54		-----------------	-----------------
55		-----------------	-----------------
56		-----------------	-----------------
57		-----------------	-----------------
58		-----------------	-----------------
59		-----------------	-----------------
60		-----------------	-----------------
61		-----------------	-----------------
62		-----------------	-----------------
63		-----------------	-----------------
64		-----------------	-----------------

Z

No.	Word	Definition	Additional info/Comments
1			
2			
3			
4			
5			
6			
7			
8			
9			
10			
11			
12			
13			
14			
15			
16			

Z

No.	Word	Definition	Additional info/Comments
17		----------	------------------------
18		----------	------------------------
19		----------	------------------------
20		----------	------------------------
21		----------	------------------------
22		----------	------------------------
23		----------	------------------------
24		----------	------------------------
25		----------	------------------------
26		----------	------------------------
27		----------	------------------------
28		----------	------------------------
29		----------	------------------------
30		----------	------------------------
31		----------	------------------------
32		----------	------------------------

Z

No.	Word	Definition	Additional info/Comments
33		--------------------	--------------------
34		--------------------	--------------------
35		--------------------	--------------------
36		--------------------	--------------------
37		--------------------	--------------------
38		--------------------	--------------------
39		--------------------	--------------------
40		--------------------	--------------------
41		--------------------	--------------------
42		--------------------	--------------------
43		--------------------	--------------------
44		--------------------	--------------------
45		--------------------	--------------------
46		--------------------	--------------------
47		--------------------	--------------------
48		--------------------	--------------------

No.	Word	Definition	Additional info/Comments
49		------------------------------	------------------------------
50		------------------------------	------------------------------
51		------------------------------	------------------------------
52		------------------------------	------------------------------
53		------------------------------	------------------------------
54		------------------------------	------------------------------
55		------------------------------	------------------------------
56		------------------------------	------------------------------
57		------------------------------	------------------------------
58		------------------------------	------------------------------
59		------------------------------	------------------------------
60		------------------------------	------------------------------
61		------------------------------	------------------------------
62		------------------------------	------------------------------
63		------------------------------	------------------------------
64		------------------------------	------------------------------

Z